미래 그림책 127 수원화성

1판 1쇄 발행 2016년 9월 5일 | 1판 5쇄 발행 2022년 5월 30일
그린이 김기철 | 글쓴이 우현옥 | 감수 오선화 | 펴낸이 김민지 | 펴낸곳 미래M&B
등록 1993년 1월 8일(제10-772호) | 주소 04030 서울시 마포구 동교로 134(서교동 464-41) 미진빌딩 2층
전화 02-562-1800 | 팩스 02-562-1885 | 전자우편 mirae@miraemnb.com
홈페이지 www.miraei.com | 블로그 blog.naver.com/miraeibooks | 인스타그램 @mirae_ibooks
ISBN 978-89-8394-803-8 77610

※ 잘못 만들어진 책은 구입처에서 바꾸어 드립니다.

아이의 미래를 여는 힘, **미래 i 아이**는 미래M&B가 만든 유아·아동 도서 브랜드입니다.

수원화성

김기철 그림 | 우현옥 글 | 오선화 감수

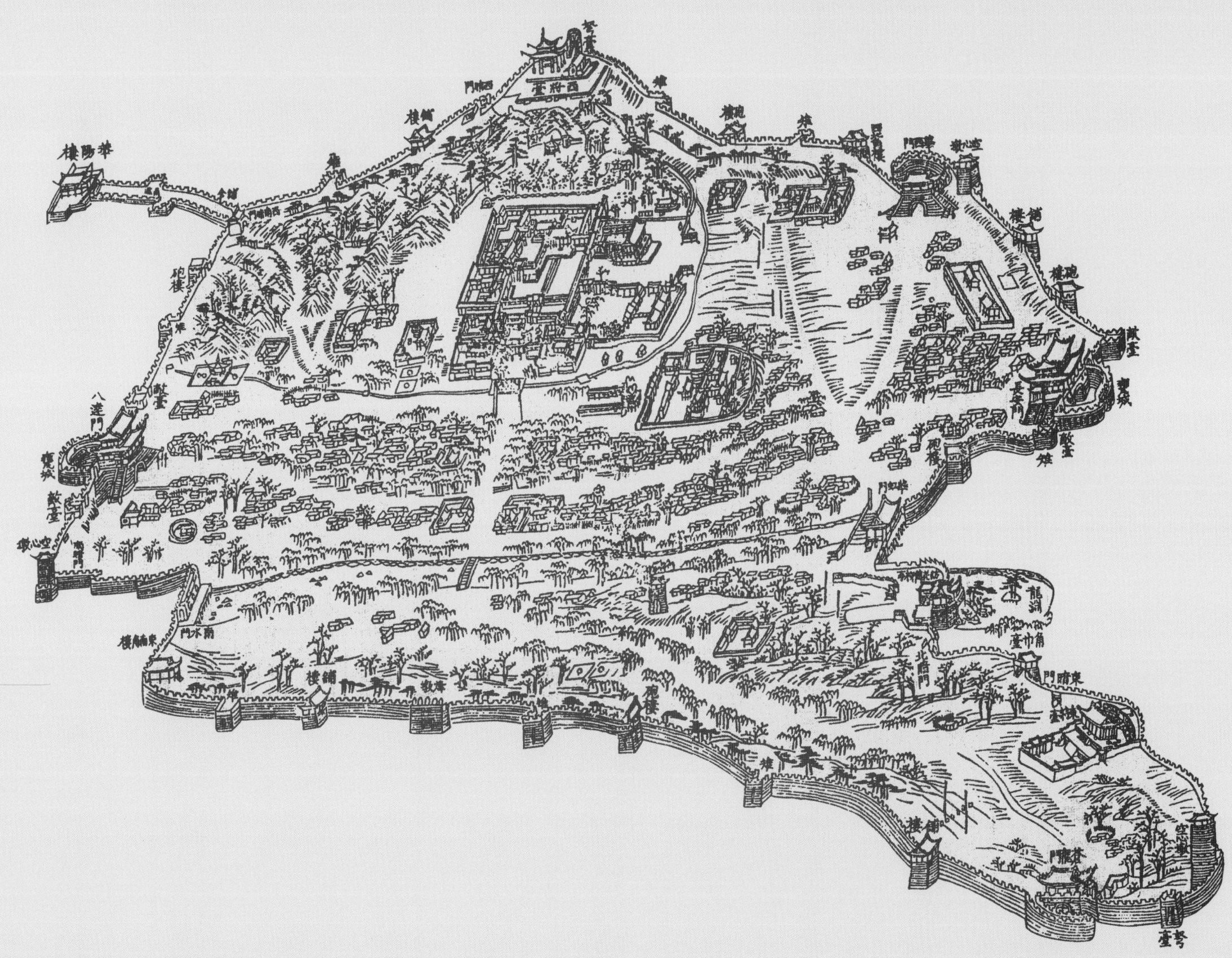

〈화성성역의궤〉에 실린 화성전도

아버님을 뵈러 배봉산에 다녀오는 길이었어.
나는 오랫동안 마음에 품고 있던 일을 하기로 마음먹었지.
아버님의 묘소를 수원의 화산으로 옮기기로 한 거야.
이어서 모든 백성이 편히 드나들 수 있는 성을 만들기로 했지.
나는 머릿속에 있던 생각을 찬찬히 풀어 놓았어.
젊은 실학자 정약용과 화가 김홍도가 종이 위에 그렸지.
그림을 보자 가슴이 설레어 잠을 이룰 수 없었어.
시간이 걸리겠지만 차근차근 이뤄 갈 거야.
하지만 백성들에게 조금이라도 불편을 주어선 안 될 일이야.

장안문

전국의 내로라하는 목수, 석수, 대장장이,
칠장이, 기와장이 들을 불렀어.
"모든 기금은 내탕금*을 사용토록 하고,
일하는 모든 인부에게 일당을 주도록 하라.
일 잘하는 사람에겐 특별금도 얹어 주고,
겨울엔 토끼털귀마개와 털모자, 솜옷을 주라.
주변의 집들은 그대로 두되
이사를 가는 사람에겐 넉넉히 보상하여
눈물 흘리지 않도록 하라."
신하들과 백성들은 어리둥절했지.
지금껏 나랏일이라면 강제로 일만 시켰거든.
"성을 드나드는 문은 동서남북 방향 네 개를 만들되,
한양에서 가장 가까운 북문을 정문으로 하고,
백성들의 안녕을 바라는 뜻에서 '장안문'이라 하라."

※ **내탕금**
조선시대 임금이 개인적으로 가지고 있던 재물

| 화홍문

성을 쌓으면서 가장 중요한 일 중 하나가
물길을 잡는 거야.
광교산에서 흘러내린 물이 수원천을 따라 성을
가로지르는데 여름 장마 때마다 범람하곤 했지.
홍수 피해가 이만저만이 아니었어.
물이 잘 빠지도록 일곱 개의 물길을 내고,
튼튼하게 돌기둥을 세웠지.
수문을 통해 적이 들어오지 못하도록
철문 설치하는 것도 잊지 않았어.

동북각루(방화수류정)

성의 모서리 진 곳에는 적의 움직임을
한눈에 살필 수 있도록 각루*를 설치했어.
화홍문 동쪽 구릉에 마침 불쑥 솟은 바위 언덕이 있어
그곳에 동북각루를 만들었지.
개천 물을 헛되이 흘려보내지 않고
성 바깥에 반달 모양의 연못을 만들었어.
연못은 아름다운 정자 모양의 동북각루와
한데 어우러져 한 폭의 그림 같았지.
담담한 연못을 보며
가끔은 병사들도 평온했으면 해.
전쟁이 나면 연못이 방어 기능도 할 거야.

＊ 각루(角樓)
비교적 높은 위치에 누각 모양의 건물을 세워 주변을 감시하기도 하고
때로는 휴식을 즐길 수 있도록 한 것

| 동장대(연무대)

군사들이 무예를 수련할 수 있는 곳도 만들었어.
연무대는 동장대의 다른 이름이야.
동장대는 앞이 확 트여 있고
성 안을 한눈에 볼 수 있지.
나도 가끔은 직접 군사들을 훈련시킬 작정이야.
군사들의 우렁찬 기합 소리를 들으며,
저 아래 창룡문을 바라보노라면
저절로 기운이 솟을 테지.

동북공심돈 |

비상시에 적의 동향을 살피고
군사들이 몸을 피할 수 있도록 공심돈*도 세웠어.
안쪽을 소라처럼 구불구불하게 만들어
벽돌 계단을 오르게 했더니
인부들은 '소라각'이라고 불렀지.
생김새가 특이해서 아마 화성에서 가장 눈에 띌 거야.
한쪽에 온돌을 놓아 이곳을 지키는 군사가
언 몸을 녹이고 잠시라도 누울 수 있게 했어.

※ **공심돈(空心墩)**
　일종의 망루와 같은 것으로 내부가 비어 있도록 만든 것

창룡문 |

동쪽 성문은 청룡을 뜻하는 창룡문이라 했어.
다른 성문과 마찬가지로 아래는 제멋대로 생긴
커다란 돌을 다듬어 쌓고 그 위에 튼튼한 벽돌로 옹성을 올렸지.
무거운 돌을 높은 곳까지 올려 쌓는 건 쉬운 일이 아니었어.
큰 돌을 들어 올리는 걸 돕기 위해 '거중기'와 '녹로'를 만들었어.
'유형거'를 만들어 돌 운반을 도왔지.
정성껏 쌓아 올린 돌 위에 인부의 이름을 새겨 넣었어.

치성-북동치

일정한 거리마다 성곽을 튀어나오게 했어.
꿩처럼 자기 몸은 잘 숨기고, 사방으로
잘 살피란 뜻으로 '치성'이라 이름 붙였지.
예전 성의 가장 큰 단점이 바로
적들이 성 가까이에서 공격하면 대책이
없다는 거였거든.
이쪽저쪽에서 올라오는 적을 한눈에
볼 수 있으니, 이젠 성벽을 기어오르는 건
꿈도 꾸지 못할 거야.

| 봉돈

봉수대는 보통 산꼭대기나 성 밖에 두는데,
봉돈*은 성 안에 두었어.
특히 내가 머무는 행궁에서 바로 보이게 했지.
긴급한 정보를 빨리 받아야 하니까.
다섯 개의 화두를 만들었고,
안에서 포와 총을 쏠 수 있도록 했어.
저녁마다 남쪽의 첫 번째 봉화 하나를 올리면
동쪽으로는 용인의 석성산 봉화가 응답하고,
서쪽으로는 서해안의 흥천대 봉화가 응답했지.
낮에는 연기로, 밤에는 횃불로
신호를 보내는 건 똑같아.

※ **봉돈(烽墩)**
　화성의 봉수대로, 사방을 경계하고 주변을 정찰하여 인근에 사태를 알리는 역할을 하는 시설

| 팔달문

남문은 사방팔방으로 통한다는
뜻으로 '팔달문'이라 이름 붙였어.
전국의 백성이 수시로 편히
드나들도록 말이야.
가마가 드나들 정도로
아주 널찍하게 문을 만들었지.
팔달문 앞에는 전국의 상인을
불러모아 자유롭게
장사를 할 수 있도록 할 참이야.
백성들이 잘살기 위해서는
농사뿐 아니라 상업도
발달해야 하거든.

서남암문

성 밖으로 통하는 비밀의 문인 암문도 만들었어.
동암문, 서암문, 남암문, 북암문, 서남암문 이렇게 다섯 개야.
암문을 만들기엔 성곽의 굽은 곳이나 어둑한 곳이 제격이지.
적의 눈에 띄지 않게 가축이나 양식,
무기를 실어 날라야 하니까.
문의 크기는 말 한 필 다닐 정도로 좁게 하고
문 위는 성곽과 똑같이 했어.
위급할 때는 주변에 쌓아 둔 돌과 흙으로
암문을 메워 적이 들어오지 못하게 했지.
다른 암문과 달리 서남암문 위에는
특별히 적을 감시하는 포사를 만들었어.

서장대(화성장대)

군사 지휘 본부는 팔달산의 정상에 두기로 했어.
성 전체가 한눈에 들어와
성곽 일대는 물론 산을 둘러싸고 있는
백 리 안쪽까지 살필 수 있지.
서장대 뒤에는 검은 벽돌을 팔각형 모양으로 쌓아 올렸어.
적의 공격을 항상 감시하고,
적이 가까이 왔을 땐 쇠뇌*를 쏠 수 있도록 했어.

※ **쇠뇌** : 쇠로 된 발사 장치가 달린 활

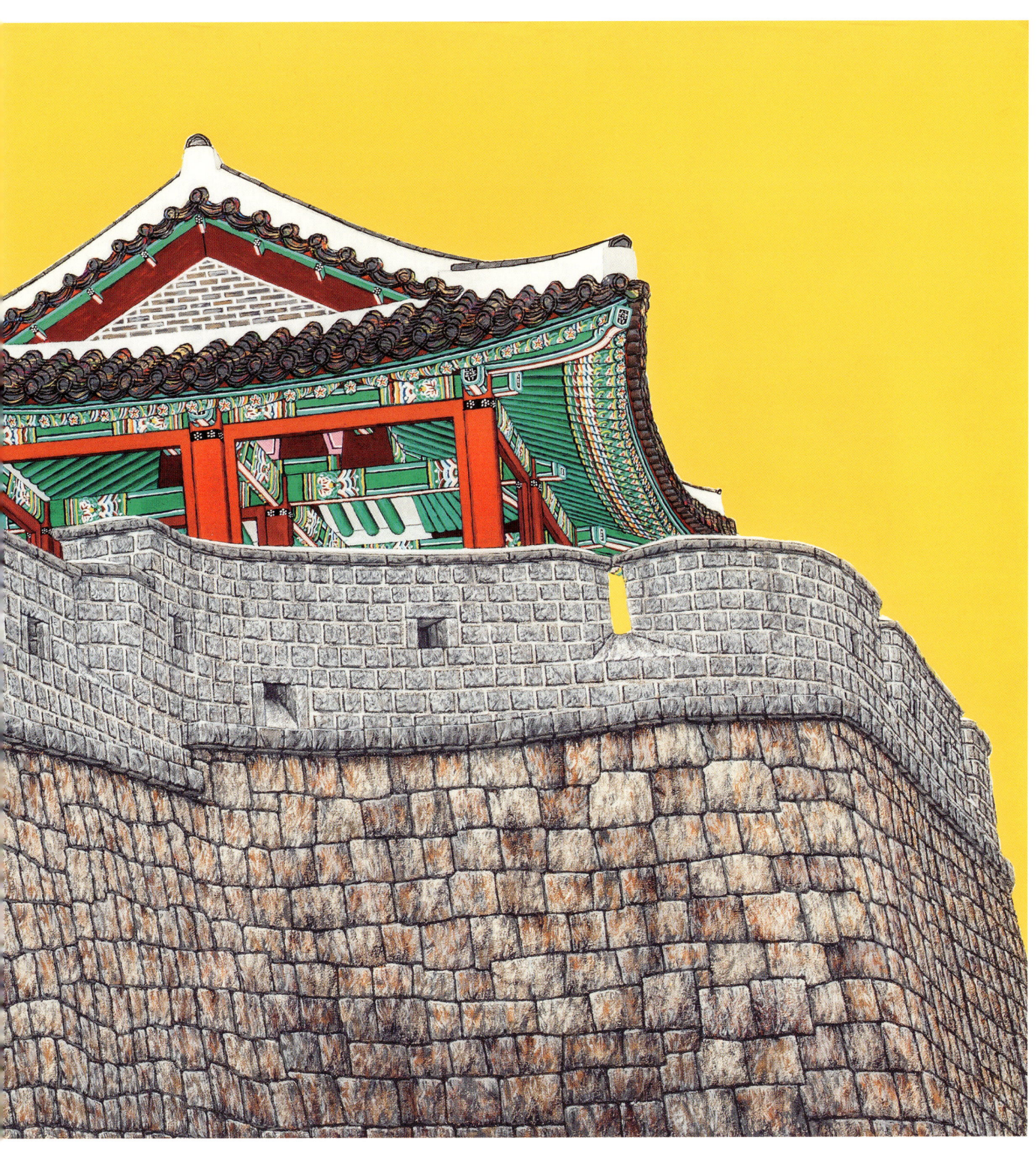

서북각루

숙지산이 마주 보이는 곳에
서북각루를 설치했어.
각루는 성곽의 네 귀퉁이에 설치하여
사방을 살필 수 있도록 했고,
정자처럼 만들어 지친 병사들이
쉴 수 있도록 했지.
서북각루에 올라서 보니
성곽이 꼭 나뭇잎 모양이야.
팔달산의 지형을 따라
더 많은 주민을
성 안에 살게 하려다 보니
구불구불해졌지.

| 화성행궁

화산으로 옮긴 아버님 묘소를 찾을 때는
오래도록 행궁에 머물렀어.
행궁 앞으로 관아들을 배치하여
중요한 업무는 바로 볼 수 있도록 했지.
배다리*를 건너오면서 들은 백성들의 하소연을
바로바로 풀어 주고 싶었거든.
어머님 회갑연도 이곳에서 열 생각이야.

※ 배다리
   작은 배를 한 줄로 여러 척 띄워 놓고 그 위에 널판을 건너질러 깐 다리

화서문, 서북공심돈

남양만과 서해안으로 연결되는 성문이 서문이야.
화성의 서쪽 대문이라 하여 '화서문'이라 했어.
적이 공격하면 성문이 쉽게 뚫리는 것을 막기 위해
성문 앞을 한 겹 더 두른 옹성을 세웠지.
모양은 창룡문과 비슷해.
옆으로는 서북공심돈과 이어져 있어.
보기만 해도 마음이 든든해.

북서포루

성벽의 일부를 돌출시킨 다음 그 안에 화포를 감춰
공격할 수 있도록 만든 게 바로 포루야.
북서포루는 북서쪽에 있어.
이제 쉰두 개의 건물 하나하나가
제자리에서 저마다의 역할을 다할 거야.
나는 성을 만든 모든 과정을 기록해 책으로 만들게 했어.
그리고 성을 쌓는 데 함께했던
노비들까지 모두 불러 큰 잔치를 열었지.

백성들이 온 정성을 다한 덕분에
수원화성은 2년 9개월이란 짧은 시간에 만들 수 있었어.
성이 완공된 지 4년 만에 세상을 떠나
비록 품은 뜻을 다 펼치진 못했지만
200년이 훨씬 지난 지금도 옛 모습을
잘 간직하고 있어 참 다행이야.

| 글쓴이의 말

    수원화성은 조선의 제22대 임금 정조가 아버지 사도세자의 묘를 수원으로 옮기면서 만든 성입니다. 총 길이 5.4킬로미터로 그리 크지는 않지만 기존의 성이 군사적 기능, 특히 방어적 기능에 충실한 것에 비해 군사적 기능과 상업적 기능을 함께 갖춘 매우 실용적인 성입니다. 일반적으로 높은 곳에 성을 쌓는 것과 달리 화성은 평산성으로 계획되어 도성 안에 백성이 살고 왕의 행궁이 함께 있는 형태입니다.

    정조는 성을 만들면서 백성들에게 피해를 주지 않기 위해 모든 노역에 임금을 지불했고, 기금은 왕실 비용을 아껴 모은 내탕금을 사용했습니다. 그때까지 대부분의 국가 부역은 강제로 백성을 동원하였는데, 임금 노동으로 성을 축조한 것은 수원화성이 처음이었습니다. 뿐만 아니라 이주민에게는 시가의 두세 배가 되는 보상비를 지불하였고, 되도록 많은 주민을 성 안에 살도록 하였습니다. 혹시라도 인부가 병이 나면 내의원에 직접 명하여 약을 만들어 주었고, 추운 겨울이면 토끼털모자나 귀마개를 주었습니다.

    화성 옆에 흐르는 진목천을 막아 큰 저수지와 둑을 만들고 황무지를 개간해 거대한 농토를 조성하였습니다. 이렇게 만든 저수지가 '만석거'이고, 농토가 '대유둔'이었습니다. 정조는 대유둔의 3분의 2는 수원성을 지키는 장용영의 군인들에게 나누어 주고, 나머지는 수원의 백성들에게 나눠 주었습니다. 이것은 따로 국방비를 들이지 않고도 군사를 육성하고 유지할 수 있는 방안이었습니다. 가뭄이 들면 농사를 포기해야 했던 백성들에게 만석거의 물을 이용하는 것은 하늘이 내린 선물이었습니다. 정조는 수원화성을 표본으로 삼아 전국에 이와 같은 방법을 시행하고자 했습니다. 그러나 품은 뜻을 채 펼쳐 보지 못한 채 화성이 완공되고 4년 만에 세상을 떠나고 말았습니다.

    수원화성은 젊은 실학자와 예술가, 건축 전문가, 일반 백성들이 함께 만들었고, 200년 후 세계문화유산이 되었습니다. 성곽이 군사적 목적에 충실할 뿐 아니라 아름다워야 한다고 고집을 꺾지 않았던 정조 임금 덕분입니다. 성을 만드는 동안 전국에서 일을 하겠다고 몰려든 사람으로 넘쳐나 돌려보내야 할 정도였다고 합니다. 정쟁에 휘말려 뒤주에 갇혀 억울하게 죽은 아버지를 섬기는 마음에서 시작하였지만, 그 밑에는 무엇보다 백성을 사랑하는 마음이 있었기 때문입니다. 고된 역사를 견뎌 내는 동안 허물어지고 훼손된 수많은 문화재를 보며, 세월의 더께가 쌓일수록 더욱 의미가 깊어진다는 소중한 깨달음을 얻길 바랍니다.

2016년 여름

우현옥

그린이의 말

수원화성은 우리의 역사와 문화를 고스란히 간직하고 있는 보물이자 아름다운 예술 작품입니다. 화성이 지닌 문화·역사적 가치는 물론 미적 가치 또한 서양의 그 어느 건축물과 견주어도 뒤지지 않습니다. 특히 화성에 담겨 있는 정조대왕의 기상과 백성을 사랑하는 마음은 아름다움을 넘어 오늘을 살아가는 우리에게 많은 깨달음을 주기도 합니다.

그림을 그리는 사람으로서 수원화성뿐 아니라 우리 문화재가 천 년, 이천 년이 지나도 원래의 모습 그대로 후손들에게 잘 전해질 수 있도록 남기고 싶었습니다. 처음에는 우리 모두에게 친숙한 서울 사대 궁(경복궁, 덕수궁, 창덕궁, 창경궁)으로 시작했는데, 차차 전국 곳곳에 숨 쉬고 있는 우리 문화재로 발걸음을 넓혔지요. 그 발걸음은 앞으로의 제 예술 작업과 오래도록 함께할 것입니다. 나아가 이러한 저의 작업이 많은 사람에게 우리 문화재에 더 깊은 애정을 갖고 자부심을 품게 되는 데 도움이 되길 바랍니다.

누구보다 우리 아이들이 많이 보았으면 합니다. 그래서 수도 없이 화성을 오가고 자료를 찾아다녀도 힘든 줄 몰랐습니다. 그림을 그리면서는 아이들이 우리 것의 소중함을 알고 제대로 마주 보기를 바라는 마음을 담으려고 애썼습니다. 단청을 정확히 묘사하려면 확대경이 있어야 하는데, 그림을 그리는 내내 확대경을 제 눈처럼 사용했지요. 붓도 가장 작은 붓으로 그렸습니다. 화성이 지닌 아름다움을 다 보여 줄 수 있을까 노심초사하면서 말입니다.

　보물이라 하면 어느 부분을 보아도 아름답기에 명암을 과감히 빼고, 선으로 맑게 입체감을 살렸지요. 그리고 추상과 구상을 조화롭게 배치했습니다. 중국이나 일본과 달리 우리나라 궁궐은 자연, 햇빛, 바람을 가미해서 만든 건축물입니다. 때문에 배경의 색깔은 자연적이고 현대적인 감각으로 표현했습니다. 표지에 쓰인 창룡문의 경우 임금의 권위와 위용을 상징하는 빨강으로 넣었습니다. 또한 빨강은 태양을 상징해 따뜻함으로 품어 줄 수도 있기에 적당하다고 생각했습니다. 반면 본문에 쓰인 창룡문은 배경색을 노랑으로 넣었지요. 이는 정조대왕의 새 정치를 향한 커다란 기백을 보여 주고 싶었어요.

　이제 한 권의 그림책으로 만나게 될 수원화성은 글과 어우러져 또 다른 아름다움이 될 것이라 믿습니다. 또 시간이 흘러 우리 아이들이 다음 세대에 넘겨줄 때에도 변함없이 아름다운 화성의 모습이길 간절히 바랍니다.

김기철

그림 | 김기철

홍익대학교 서양화과와 같은 학교 대학원 회화과를 졸업하였고, 서양화가로 오랫동안 많은 그림을 그려 왔습니다.
열다섯 차례 개인전을 열었고 다수의 단체전에 참가했으며, 한국미술협회와 서울미술협회 회원으로 활동하고 있습니다.
2008년 숭례문 화재 사건 이후, 우리 옛 건축물을 화폭에 생생하게 옮기는 일에 몰두하고 있습니다.
이 책은 작가의 첫 그림책으로, 캔버스에 아크릴로 그렸습니다.

글 | 우현옥

그림책을 좋아하는 동화작가입니다. 중앙대학교 대학원에서 아동문학을 공부하였고,
계원예술대학, 중앙대학교, 한서대학교 등에서 학생들을 가르쳤습니다.
2007년 『바다로 간 자전거』로 문화일보 신춘문예 동화 부문에 당선되었습니다.
지은 책으로 『감꽃이 별처럼 쏟아지던 날』 『행복한 대통령 호세 무히카』 『어린이를 위한 오페라의 유령』 등이 있습니다.

제목 글씨 | 강병인

멋글씨 예술가로 호는 영묵永墨이며, 서예와 디자인을 접목시킨 캘리그래피 작품으로 한글 디자인 영역을 한층 확장시켰다는 평가를
받고 있습니다. '강병인캘리그래피연구소 술통'을 운영하며 한글의 예술적, 디자인적 가치를 연구하고 그 우수성을 찾아내어 알리는 데
노력해 왔으며, 이러한 공로를 인정받아 2012년 대한민국 디자인 대상, 은탑산업훈장을 받았습니다.
작품으로는 영화 〈의형제〉, KBS 드라마 〈정도전〉, tvN 드라마 〈미생〉, 서울시 슬로건 〈희망서울〉 등이 있습니다.

사진 촬영 | 최영진

자발적 생명력에 대한 숭고함을 깨닫고 지혜를 얻기 위해, 오랫동안 환경 문제와 관련된 사진 작업을 해 왔습니다.
열일곱 차례 개인전을 열었고 다수의 단체전에 참가하였습니다.
작품집으로는 『살아 있는 갯벌 '라마르'』 『야夜』 『서쪽바다 새만금』 『돌, 생명을 담다』 『한국의 서해안』 등이 있습니다.
세계적으로 권위 있는 사진 상인 그랑프리픽텟(The Prix Pictet) 후보에 지명되었습니다.

추천사 | 김승국

서울국악고등학교 교감, 전통공연예술연구소 이사장, 노원문화예술회관 관장, 한국문화예술회관연합회 상임부회장 등
문화예술계의 요직을 두루 역임한 문화예술정책 전문가입니다.
현재는 수원문화재단 대표를 맡고 있으며, 작품으로는 시상집 『쿠시나가르의 밤』 등이 있습니다.

추천사 | 배성호

드넓은 세상에서 아이들이 건강하고 행복하게 성장하길 바라는 초등학교 선생님입니다. 초등사회교과서 편찬위원, 국립중앙박물관
학교연계교육 자문위원을 지냈으며, 지금은 초등사회교과서 집필위원과 전국초등사회교과모임 공동대표를 맡고 있습니다.
지은 책으로는 『두근두근 한국사』(공저), 『더불어 사는 행복한 경제』 등이 있습니다.

추천사 | 염태영

수원환경운동센터 공동대표, 수원천되살리기 시민운동본부 사무국장, 수원시 장안구 국회의원재선거 선거대책위원회 총괄본부장,
수원르네상스포럼 대표, 수원 지하철 예산삭감 원상회복 시민대책위원장 등을 역임했습니다.
현재는 수원 시장을 맡고 있으며, 지은 책으로는 『우리 동네 느티나무』 등이 있습니다.

감수 | 오선화

수원시 화성사업소 문화유산관리과 문화재관리팀 소속 지방학예연구사입니다.
수원화성 연구 및 고증과 관련된 업무를 맡고 있습니다.